Das Igelbuch

Erfahren Sie alles Wissenswerte über den Igel, wie Sie ihm ein schönes Zuhause in Ihrem Garten bieten und ihn am besten pflegen

Lina Kunze

Alle Ratschläge in diesem Buch wurden sorgfältig erwogen und geprüft. Eine Garantie kann dennoch nicht übernommen werden. Eine Haftung des Autors beziehungsweise des Verlags für jegliche Personen-, Sach- und Vermögensschäden ist daher ausgeschlossen.

INHALT

Das erwartet Sie in diesem Buch 1

Wie alles begann 3

Was Sie über Igel wissen müssen 5

Der europäische Braunbrustigel – Lebensraum
und Speisekarte 5

Geräusche und Verhaltensweisen – Wie Igel
kommunizieren 9

Das Igeljahr – Ein besonderes Jahr 11

Der Winterschlaf – Eine Meisterleistung des
Stoffwechsels 14

Gefahren für den Igel – Warum der Lebensraum
immer kleiner wird 17

Ein Igel braucht Hilfe – Wie sieht ein kranker Igel
aus? 23

Was den Igel krank macht – Von Flöhen und
anderen Parasiten 27

Igel retten – Ein großes Projekt 31

Igel sichern – Eigenschutz und Erste Hilfe 31

Pflegeigel entflohen 35

Ein Igel muss zum Arzt – Wie findet man den
richtigen Tierarzt? 38

Und plötzlich wird es stachelig – Wenn ein Igel einzieht 39

Der Stachelritter und die Fellnase – Wie kommt ein Hund mit den Igeln zurecht?..........................42

Futter und Snacks – Eine Frage der Qualität 46

Igelgeruch – Stinken Igel wirklich? 48

Draußen wird es kalt – Der erste Igelwinter.......50

Das Frühjahr – Ein Igel ist erwachsen 53

Hilfe für Wildtiere – Wie Sie den Garten in ein Igelparadies verwandeln...55

Igelcharaktere – Jeder reagiert anders auf Stress 59

Leid und Schmerz – Die Schattenseiten der Igelpflege..60

Das erwartet Sie in diesem Buch

Noch stehen Igel nicht offiziell auf der Roten Liste bedrohter Tierarten. Dennoch haben die letzten Jahre den Igeln das Leben schwer gemacht, sodass ihre Population stark gesunken ist. Heiße, trockene Sommer, warme Winter und schwindende Insektenpopulationen sind nur einige der Bedrohungen, gegen die die Igel zu kämpfen haben. Dazu kommen Straßen, Raubtiere und Gartengeräte, weswegen die Tiere immer öfter unsere Hilfe brauchen.

Bestimmt haben Sie schon einmal einen Igel in der freien Natur gesehen. Aber hätten Sie gewusst, woran Sie erkennen, dass es dem Igel schlecht geht und er Hilfe braucht? Und hätten Sie im Notfall gewusst, was Sie an Erster Hilfe leisten können und an wen Sie sich hätten wenden können? Dass zum Beispiel nicht jeder Tierarzt igelkundig ist, sondern dass die meisten Tierärzte nicht wissen, wie ein Igel zu behandeln ist? Und wussten Sie, dass die gängigen Behandlungsmethoden für den Igel tödlich sind?

Diese und andere Fragen beantworte ich Ihnen in diesem Ratgeber. Er soll für Sie ein erster Einblick in die Igelpflege darstellen, damit Sie am Ende dieses Buches dazu in der Lage sind, hilfsbedürftige Igel zu erkennen, zu sichern und Erste Hilfe zu leisten. Dazu erläutere ich Ihnen, was für Tiere Igel eigentlich sind, wie sie leben, was sie fressen und wie Sie in Ihrem Garten aktive Igelhilfe leisten können. Ebenso erkläre ich Ihnen, woran Sie einen igelkundigen Tierarzt erkennen und warum manches Mal Igelstationen die bessere Wahl sein können.

Wie alles begann

Igel sind nicht unbedingt die ersten Tiere, die einem einfallen, wenn man von seinen Tieren erzählt. Meerschweinchen, Kaninchen, das ist ja normal, aber Igel?

Die erste Frage, die ich gestellt bekomme, lautet oft: „Warum pflegst du denn Igel?"

Tja, warum pflege ich Igel? Alles begann bei der Tierrettung, bei der ich während einer beruflichen Orientierungsphase als Ehrenamtliche anfing und nach kurzer Zeit meine ersten Einsätze fuhr. Es waren einige Tiere dabei, aber Igel weckten bei mir eine besondere Faszination. Dann zog kurzfristig das

erste Igelbaby bei mir ein und es war um mich ge-
schehen. Ich entdeckte meine Liebe für diese kleinen, faszinierenden Stachelritter und machte die
Igelpflege zu meiner Passion.

Ich lerne immer noch viel dazu, trotz des inzwischen umfangreichen Wissens über Igel. Jeder Igel
ist so individuell wie wir Menschen und jeder Igel
hat andere Bedürfnisse. Und dadurch wird jeder Igel
zu einer ganz eigenen Herausforderung.

Wenn Sie also auch darüber nachdenken, einen
Igel aufzunehmen, kann ich Sie beruhigen. Es ist
nicht so schwierig, wie es sich vielleicht anhört. Doch
fangen wir ganz langsam an und beginnen ganz am
Anfang: Was ist ein Igel überhaupt?

Was Sie über Igel wissen müssen

DER EUROPÄISCHE BRAUNBRUSTIGEL – LEBENSRAUM UND SPEISEKARTE

Bevor Sie jedoch einen Igel aufnehmen und pflegen, müssen Sie erst wissen, was der Igel für ein Tier ist. Denn wie jedes Tier hat der Igel seine Besonderheiten und Eigenarten. Nicht nur charakterlich, sondern auch physiologisch.

In unseren Breitengraden ist der europäische Braunbrustigel (Erinaceus europaeus) heimisch. Sein Lebensraum ist der europäische Kontinent, wohingegen in Ostmittel- und Osteuropa der Nördliche Weißbrustigel heimisch ist. Beide gehören zu den

Kleinohrigeln. Igel sind vor allem in der Alten Welt verbreitet, auf dem amerikanischen Kontinent hingegen kommen keine Igel vor.

Bei Igeln wird zwischen Jungigeln und Altigeln unterschieden, wobei man ab einem Alter von einem Jahr schon von Altigeln spricht. Ein Altigel erreicht eine Kopf-Rumpf-Länge von 22 bis 30 Zentimetern und ein Körpergewicht zwischen 1000 und 1500 Gramm.

Die charakteristischen Merkmale eines Igels sind einerseits die Stacheln, die den gesamten Rücken vom Kopf bis zum Schwanz bedecken, und andererseits das Einrollen bei Gefahr.

Bei der Geburt hat ein Igel schon um die 100 weiche, helle Stacheln, die bis zum ersten Verlassen des Nestes auf etwa 3000 Stacheln anwachsen. Ein erwachsener Igel mit 600 Gramm Körpergewicht hat schon um die 5000 Stacheln und ein ausgewachsener Igel 7500.

Die Stacheln sind modifizierte Haare, die sich im Laufe der Evolution aus den Körperhaaren entwickelt haben. Sie weisen eine durchschnittliche Länge von 20 bis 30 Millimetern auf und haben eine helle Spitze. Weitere Merkmale sind kurze Beine, wobei die Hinterbeine länger als die Vorderbeine sind. Sie enden in Füßen mit fünf Zehen. Der Kopf verläuft spitz zu einer sehr beweglichen feuchten Nase, die etwas an Hundenasen erinnert. Die Augen sind schwarz und rund. Igel haben einen schlechten Sehsinn und orientieren sich an ihrem ausgeprägten Geruchs- und Hörsinn. Sie haben 36 spitze Zähne, mit denen sie Schneckenhäuser und Insektenpanzer aufknacken können.

Entgegen der häufig vertretenen Annahme sind Igel reine Fleischfresser. Oft kursiert das Bild vom Apfel fressenden Igel, welches aber leider falsch ist und häufig zu Missverständnissen führt. Igel fressen Insekten wie Laufkäfer, Ohrwürmer, Raupen und Tausendfüßler, selten auch Aas und Schnecken, obwohl diese nur selten auf dem Speiseplan stehen. Igel können keinen Milchzucker verdauen, weswegen Milch zu schweren Durchfällen führt. Obst gehört ebenso zu den absoluten No-Gos bei der Igelfütterung; sie interessieren sich lediglich für Obst, wenn sich leckere Würmer darin verstecken.

Gern erbeutet er auch junge, blinde Mäuse, Ratten, Maulwürfe und bodenbrütende Vögel und knackt deren Eier auf. Küken und Vogeleier bieten zur Brutzeit eine wichtige Nahrungsquelle. Auf Würmer und Schnecken greift der Igel nur bei Futternot zurück, da sie für ihn gefährliche Parasiten übertragen können.

Als Heckentier und Kulturfolger hält sich der Igel bevorzugt in menschlicher Nähe auf. Er bevorzugt Gärten, Parks und Waldränder, wo er in Büschen und auf Wiesen nach Beute suchen kann.

Tagsüber schläft er in Laubhaufen, in Reisighaufen, unter Holz oder in ausgehöhlten Baumstämmen und wird ab der Dämmerung aktiv. Als Nachtjäger ist er die ganze Nacht auf der Suche nach Beute und legt dabei bis zu einem Kilometer in der Nacht zurück. In der Regel bleibt ein Igel in seinem Revier und verlässt es nur, wenn er dazu gezwungen wird.

Zudem sind Igel Einzelgänger und kommen nur zur Paarung zusammen.

GERÄUSCHE UND VERHALTENSWEISEN – WIE IGEL KOMMUNIZIEREN

Igel lesen zu lernen, ist gar nicht so kompliziert. Wie andere Tiere haben sie eine eigene Körpersprache, mit der sie laufend kommunizieren.

Igel geben eine ganze Reihe von Geräuschen von sich. Eines der Hauptgeräusche ist das Keckern, ein leises, knatterndes Geräusch, mit dem Igel kommunizieren. Es klingt wie ein Klicken oder ein Knattern und kommt aus dem Inneren des Igels. Meisten hören Sie das, wenn mehrere Igel zusammentreffen. Meistens macht er das Geräusch, wenn der Igel verärgert oder ängstlich ist. In vielen Fällen folgt auf das Klicken ein Brummen und Knurren.

Meistens schnüffeln Igel laut. Wenn sie schnüffeln, erkunden sie ihre Umgebung mit der Nase und nehmen die Gerüche auf. Er streckt dann den Kopf in die Luft und folgt dem Geruch.

Piepst ein Igel, gefällt ihm etwas oder er hat Schmerzen. Bei diesem Geräusch muss der Igel genau beobachtet werden, um herauszufinden, was ihm genau fehlt. Rollt sich ein Igel zusammen, faucht er oft dabei. Dieses Fauchen klingt wie ein lautes

Schnaufen und signalisiert: „Lass mich in Ruhe". Oft klicken die Igel dabei und vibrieren.

Ein Igel kann auch sehr laut schreien. Das tut er fast nur bei sehr, sehr starken Schmerzen oder wenn er Todesangst hat. Bei manchen Revierkämpfen schreien Igel ebenfalls. Jedenfalls ist ein schreiender Igel immer ein Notfall und Sie sollten sofort nachsehen, was los ist.

Auch über ihre Körperhaltung lässt sich viel über den Igel herausfinden. Igel schlafen meistens eingerollt und leicht auf der Seite. Ist der Igel sehr entspannt, streckt er manchmal alle Viere von sich und liegt flach auf dem Bauch. So liegt ein Igel aber auch, wenn er krank ist und schwer Luft bekommt, deshalb sollten Sie auch da immer nachsehen.

Die bekannteste Form der Körpersprache ist das Einrollen, womit der Igel zeigt, dass er Angst hat. Rollt er sich dagegen gar nicht mehr ein, stimmt etwas nicht mit ihm und er braucht Hilfe.

Liegt er flach auf der Seite, ist er schon sehr schwach und muss auf jeden Fall gesichert werden.

Ist er schon gesichert, kann er Stressverhalten zeigen, indem er „Bahnen" läuft oder versucht, an der Wand auf die Box zu klettern. Oft erkennt man es

an Spuren an der Boxenwand oder blutigen Pfoten-
abdrücken, da Igel empfindliche Pfoten haben und
sich schnell wund laufen.

Das Igeljahr – Ein besonderes Jahr

Igel haben einen ganz eigenen Jahresrhythmus. Als
sommeraktive Tiere leben sie hauptsächlich im
Sommer, den sie vor allem fürs Fressen und für die
Aufzucht der Jungtiere nutzen.

Erreichen die Temperaturen nach dem Winter
um die zehn Grad, erwachen die Igel aus ihrem Winterschlaf. In dieser Zeit haben sie bis zu 30 % ihres
Körpergewichtes verloren, sodass sie sich als aller-
erstes ihre Polster wieder anfressen müssen. Das
Aufwachen, was ein paar Stunden dauert, hat den
Igel noch einmal jede Menge Energie gekostet.

Nachdem sich der Igel wieder rund gefressen
hat, beginnt gegen Mitte April die Paarungszeit. Dies
ist die einzige Zeit im Jahr, bei der die sonst einzel-
gängerischen Igel zusammenkommen. Beim soge-
nannten Igelkarussell balzen die Igel miteinander,
um sich dann zu paaren.

Das Balzen können Sie manchmal hören, denn
dabei geben die Igel lautes Schnaufen, Schnauben
und Tuckern von sich.

11

Die ersten Igeljungen kommen Anfang Juni nach 35 Tagen Tragzeit zur Welt. Dazu hat die Mutter ihnen ein Nest gebaut, wo sie die Wochen blind verbringen und von der Mutter tagsüber gesäugt werden. Bei der Geburt wiegen sie 15 – 20 Gramm und haben nur wenige hundert weiche, helle Stacheln. Nach etwa 14 Tagen öffnen sie erstmals Augen und Ohren, worauf nach etwa drei Wochen die Milchzähne durchstoßen. Nach drei bis vier Wochen tapsen Igel das erste Mal aus ihrem Nest, dementsprechend bekommen Sie die ersten Jungtiere mit einem Alter von etwa drei Wochen zu sehen. Diese Igel sind oft noch kleiner als eine Zitrone und innerhalb der Familienbande unterwegs.

Allgemein bekommen Igel nur einmal im Jahr Nachwuchs, nur in warmen Regionen auch ein zweites Mal.

Bei ihren ersten Abenteuern außerhalb des Nestes üben sich Igel im Insekten-Fangen, was am Anfang eher weniger erfolgreich ist. Damit sie weiterhin wachsen und groß werden, säugt die Mutter sie weiter, bis sie etwa 6 Wochen alt sind.

Dann sind sie selbstständig, wissen, wie sie Nahrung finden und wie sie in der Natur überleben können. Igel erkunden ihre Umgebung vor allem durch den Kontaktbiss, ein Biss zum Austesten, ob etwas essbar ist oder nicht. Nehmen sie neue Gerüche wahr, bespeicheln sie sich, wodurch sie den Geruch aufnehmen und abspeichern. Wenn Sie also einen Igel sehen, der sich in einer komischen Bewegung mit der Zunge auf den Rücken speichelt, brauchen Sie sich keine Sorgen zu machen – das ist völlig normal.

Den Sommer verbringen die Jungigel hauptsächlich damit, zu fressen, zu schlafen und zu wachsen. Ab Oktober, wenn es weniger Insekten gibt, futtern sich Igel nur noch wenige Gramm pro Nacht an, weshalb sie bis Oktober schon um die 400 Gramm wiegen müssen, um bis November noch 600 bis 700 Gramm zu erreichen.

Wird das Nahrungsangebot knapper und die Temperatur kälter, bauen sich die Igel langsam ihre Winterschlafnester aus Laub und Totholz.

Weibliche, ausgewachsene Igelmütter müssen nach der Aufzucht der Jungen noch intensiv Futter suchen, um genug Gewicht zuzunehmen, weshalb sie später als die Männchen in den Winterschlaf gehen. Diese gehen bei passenden Wetterbedingungen schon Anfang November in den Winterschlaf, um den Weibchen und den Jungtieren das Futter nicht streitig zu machen. Dann gehen sie zusammengerollt in ihrem Nest bis zum Frühjahr in den wohlverdienten Winterschlaf.

DER WINTERSCHLAF – EINE MEISTERLEISTUNG DES STOFFWECHSELS

Winterschlaf klingt verlockend. Den ganzen Sommer essen, die kalte Jahreszeit verschlafen und mit weniger Gewicht von den ersten Sonnenstrahlen geweckt werden. Doch so verlockend es auch klingt, der Winterschlaf ist für den Körper eine sehr anstrengende Sache. Doch er ist auch faszinierend, aus evolutionärer und physiologischer Sicht.

Der Winterschlaf, der auch als Hibernation bezeichnet wird, ist ein lang anhaltender Ruhezustand bestimmter homoiothermer Tiere, meistens Säugetiere und ab und zu Vögel.

Dabei fahren sie ihren Stoffwechsel auf ein Minimum herunter, um so wenig Energie wie möglich zu verbrauchen. Nicht nur Igel, sondern auch Hamster, Siebenschläfer und Murmeltiere fallen in den

Winterschlaf, um die futterarme Zeit zu überbrücken.

Der Unterschied zwischen Winterschlaf und Winterruhe ist, dass beim Winterschlaf der Stoffwechsel samt Puls heruntergefahren wird. Ein aktiver Igel hat im Winter eine Körpertemperatur zwischen 33,5 °C und 35,5 °C. Dabei wird das Temperaturmaximum gegen 3 Uhr morgens erreicht und das Minimum am Nachmittag gegen 15 Uhr, wenn der Igel schläft. Im Sommer liegen die Werte um etwa 1 °C höher, die Schwankungen sind dagegen ungefähr gleich.

Sinkt die Umgebungstemperatur auf unter 14,5 °C bis etwa 5,5 °C, entfällt die Temperaturregulierung des Körpers, sodass die Körpertemperatur nur noch von der Umgebungstemperatur abhängt. Dabei bleibt sie etwa 1° C über ihr. Bleibt die Umgebungstemperatur dauerhaft unter 5,5 °C bleibt die Temperaturregulierung der Igel nur so weit aktiv, dass die Körpertemperatur bei ungefähr 6 °C bleibt.

Das Einschlafen und Erwachen kosten den Igel sehr viel Energie, weshalb er vorher und nachher sehr viel Nahrung zu sich nimmt, um den Energiebedarf auszugleichen.

Igel schlafen nur etwa 80 % der Zeit. Je nach Temperatur kann es vorkommen, dass Igel zwischendurch wach werden. Meistens schlafen sie nach einigen Stunden wieder ein, manchmal müssen sie allerdings das Nest wechseln, wenn sie beim Schlafen gestört worden sind. Mildere Temperaturen wecken den Igel auf, was für den Igel zu einem Problem werden kann. Da er im Winter nichts zu fressen findet, verbraucht ein zu früh aufgewachter Igel sehr viel Energie, um einerseits die Körpertemperatur zu halten und um andererseits genug Energie fürs Umherlaufen und Futtersuchen zu haben. Ebenso können Igel frühzeitig aufwachen, wenn sie mit einem zu niedrigen Gewicht in den Winterschlaf gegangen sind, da der Körper dann in ein kritisches Gewicht fällt.

Aus evolutionärer Sicht ist der Winterschlaf ein Selektionsmechanismus, um die Igelpopulation fit und vital zu halten. Auf diese Weise sollen kranke Igel ausselektiert werden, da sie den Winterschlaf ohne Hilfe nicht überleben können. Auch spätgeborene Igel überleben den Winterschlaf häufig nicht, da sie entweder nicht genügend Gewicht aufgebaut haben oder ihr Nest aus Unerfahrenheit nicht warm genug gebaut haben. Teilweise finden die Igel auch keine sicheren Schlafplätze oder genügend Nestmaterial, da ihre Umgebung zu „aufgeräumt" und einfach nicht mehr genügen Laub oder Totholz vorhanden ist. Dann haben die Igel zwar genug Gewicht erreicht, verbrauchen aber bei der Suche nach Nestmaterial wieder zu viel Energie.

GEFAHREN FÜR DEN IGEL – WARUM DER LEBENSRAUM IMMER KLEINER WIRD

In den letzten Jahren litten die Igel vor allem unter zu heißen Sommern, Futterknappheit und warmen Wintern. Was den Igeln allerdings ebenfalls zu schaffen macht, ist auf den ersten Blick nicht so ersichtlich, obwohl es uns unsere Gartenarbeit sehr erleichtert.

Doch mal langsam; fangen wir beim ersten Grundproblem an, weswegen es dem Igel schlecht geht.

Als reine Fleischfresser verspeisen Igel vor allen Dingen Insekten verschiedener Arten. In Deutschland sind gut 30.000 Insektenarten heimisch, 80 Prozent der Wildpflanzen sind abhängig von der

Insektenbestäubung. Igel leiden dadurch unter dem Nahrungsmangel, weswegen sie immer häufiger auf Schnecken und Würmer zurückgreifen müssen, die eigentlich nicht zu ihren Hauptbeutetieren zählen. Ein weiteres Problem sind die heißen Sommer. Durch die langen und heißeren Sommer werden mehr Igel zu früh geboren, bevor es genug Insekten gibt.

Dadurch fehlt es den Muttertieren an Nahrung, um sich und ihre Jungen zu versorgen. Aufgrund der langen Sommer bekommen Igel ihre Jungen bis in den Oktober hinein, obwohl ihre normale Wurfzeit nur bis September geht. Da Igel mit mindestens 600 Gramm Körpergewicht in den Winterschlaf gehen müssen, sind viele Igel im November und Dezember zu klein. Sie finden keine Nahrung, können nicht richtig zunehmen und drohen, den Winterschlaf nicht zu überleben.

Doch auch für ausgewachsene Igel ist der Winterschlaf gefährlich. Da es bis in den Dezember zu warm ist, gehen viele Igel nicht in den Winterschlaf, sondern suchen weiter nach Nahrung. Futtersuche kostet die Igel viel Energie, sodass sie bei der Futtersuche verhungern. Wenn Sie einen Garten besitzen, was denken Sie, wie natürlich er ist? Glauben Sie, dass sich Tiere in Ihrem Garten wohlfühlen?

Denn ein weiterer Grund für das Igelsterben ist unter anderem der schwindende Lebensraum. Als Bewohner von Parks, Gärten und Friedhöfen leidet der Igel sehr unter den aufgeräumten Gärten, die wenig natürliche Umgebung übrig lassen. Werden die Beete sauber gehalten, Hecken getrimmt und kaum heimische Blumen gepflanzt, findet der Igel wenig Versteckmöglichkeiten und natürlich wenig Futter. So können Igelmütter ihre Jungen nicht aufziehen und sich selbst nicht ernähren, da sie tagsüber nicht in Ruhe schlafen können und deshalb beim Umherwandern viel Energie verbrennen.

Eine weitere Gefahr sind Gartengeräte, besonders Mähroboter. Igel sind keine Fluchttiere, sie laufen bei Gefahr nicht weg, sondern „igeln" sich zu einer Kugel ein. Ihr Stachelkleid schützt sie zwar sehr erfolgreich vor tierischen Feinden, jedoch nicht vor Autos und Gartengeräten. Trotz der weitverbreiteten Meinung, die Mähroboter würden vor Hindernissen stehen bleiben, haben Versuche mit Äpfeln und Stofftieren gezeigt, dass sie über die Igel drüberfahren und erst stehen bleiben, wenn die Klingen des

Roboters den Igel schwer verletzt haben. Da sich Igel oft im Gebüsch verstecken, werden auch Laubbläser und Trimmer immer wieder zur tödlichen Gefahr. Grob gesagt, wird ihnen ihr eigener Schutztrieb zum Verhängnis.

Haben Sie mal in Ihrem Garten die Lichtschächte kontrolliert, ob ein Tier hineingefallen ist? Immer wieder fallen Igel in Kellerschächte, Lichtschächte und Regentonnen, verletzen sich schwer oder sterben direkt. Obwohl Igel sehr gute Kletterer sind, kommen sie oft nicht mehr heraus, da die Wände zu hoch, steil und glatt sind. Abhilfe schaffen Aufstiegshilfen in Form von Holzbalken oder Steinen, die eine Art Treppe bilden. Um Stürze zu verhindern, ist es allerdings am besten, Schächte direkt abzusperren, damit der Igel gar nicht erst in die Notsituation kommt.

Doch wie sieht es mit Gartenzäunen aus? So gefährlich wirken die gar nicht, oder?

Igel sind neugierige Tiere und stecken gern ihren Kopf überall hinein. Beim Versuch von Garten zu Garten zu wandern müssen sie dabei immer wieder Zäune überwinden, was ihnen oft zum Verhängnis wird. Ist der Zaun zu hoch, zu eng oder zu tief, findet der Igel den Weg nicht mehr heraus. Im schlimmsten Fall bleibt er im Zaun stecken und verletzt sich beim Versuch zu entkommen schwer. In dieser Situation ist er ein ideales Opfer für Raubtiere wie Greifvögel, Katzen und Füchse.

Schauen Sie also, dass die Igel im besten Fall unter dem Zaun durchkriechen können.

Haben Sie schon einmal Mausefallen aufgestellt? Vielleicht sogar eine Schlagfalle?

Immer wieder berichten Wildtierretter, dass sich Igel an solchen Fallen ihre Beine schwer verletzt haben. Sie treten darauf und schon schnappt die Falle zu. Oft passiert nicht viel, aber in manchen Fällen droht dem Igel die Amputation des Fußes. Wenn der Igel nicht schnell genug gerettet wird, schleppt er tagelang die Falle mit sich herum, erleidet Infektionen bis zu Blutvergiftungen oder verhungert, weil er zu schwach ist, um Futter zu suchen.

Ähnliche Gefahren gehen auch von Drähten, Schnüren und Netzen aus, mit denen Blumen oder Bäume festgebunden werden. Sie verfangen sich und bleiben hängen, teilweise reißen sie sich sogar ihre Beine aus.

Wenn Sie also etwas gegen Mäuse tun wollen,

stellen Sie die Fallen mindestens in 50 cm Höhe auf. Im Gegensatz zu Igeln können Mäuse auch so hochklettern. Binden Sie Pflanzen hoch genug ab und achten Sie darauf, dass sie nicht auf dem Boden liegen bleiben.

Eine weitere große und leider extrem unterschätzte Gefahr ist gleichzeitig eine unserer liebsten Traditionen: Oster- und Lagerfeuer.

Gerade im Frühjahr, wenn die großen Osterfeuer anstehen, suchen Igel und viele weitere Kleintiere Schutz in den großen Ast- und Reisighaufen. Werden die Haufen vorher nicht umgeschichtet, droht ihnen ein schlimmes Schicksal. Denn die Igel flüchten nicht, sondern verkriechen sich tiefer in den Asthaufen, ohne die Chance zu entkommen. Jedes Jahr sterben tausende Tiere wie Igel, Hasen und Mäuse bei den Osterfeuern, ohne dass wir es mitkriegen. So schön sie auch sind – diese Feuer sind eine tödliche Falle für kleine Tiere.

EIN IGEL BRAUCHT HILFE – WIE SIEHT EIN KRANKER IGEL AUS?

Wie Sie bereits gelernt haben, ist ein gesunder Igel rund, agil, mit einer feuchten Nase und runden Augen. Er rollt sich bei Gefahr ein, faucht, bockt sogar und stiefelt danach schnaufend davon.

Wichtig zu wissen ist, dass Igel laut Bundesartenschutzverordnung unter Naturschutz stehen und nicht grundlos aus der Natur entfernt werden dürfen. Das Bundesnaturschutzgesetz regelt, dass Igel, die Hilfe brauchen, nur von sach- und fachkundigen Personen aufgenommen werden dürfen, wenn diese das Ziel verfolgen, den Igel wieder auszuwildern. Sie dürfen also nicht einfach einen Igel mitnehmen. Werden Sie dabei erwischt, drohen Strafen von mehreren Tausend Euro.

Woran erkennen Sie also, dass ein Igel wirklich Hilfe braucht?

Natürlich ist es offensichtlich, dass ein Igel mit offenen Wunden tierärztlich versorgt werden muss. Leider sind Krankheiten, Infektionen oder Behinderungen nicht immer so offensichtlich. Dennoch gibt es einige Anzeichen, an denen sie bestimmte Krankheiten erkennen können.

Ein gutes Indiz sind Gewicht, Größe und Jahreszeit. Da Sie nicht immer eine Waage dabei haben, können Sie das Gewicht von Igeln auch schätzen. Gute Vergleichsmöglichkeiten bieten verschiedene Obstsorten. Schauen Sie sich mal folgende Obstsorten an: Kiwi, Zitrone, Paprika, Grapefruit, Mango und legen Sie diese, wenn möglich in dieser Reihenfolge, nebeneinander. Jetzt suchen Sie im Internet nach Bildern von Igeln, die zusammengerollt auf dem Rücken liegen.

Jetzt können Sie sich ungefähr vorstellen, wie groß ein Igel sein muss, um zu den einzelnen Obstsorten zu passen.

Ein Igel, der so groß ist wie eine Kiwi, wiegt unter 100 Gramm. Wie Sie gelernt haben, sind Igel bei diesem Gewicht gerade aus dem Nest gekommen und werden noch von der Mama gesäugt. Ist der Igel so groß wie eine Zitrone, wiegt er zwischen 100 und 200 Gramm. Auch diese Igel müssen, wenn sie definitiv allein unterwegs sind, gesichert und versorgt werden. Denn Sie wissen: Bis ca. 350 Gramm werden sie gesäugt. Ist der Igel so groß wie eine Paprika, wiegt er zwischen 300 und 400 Gramm. Hier kommt es tatsächlich genauer auf das Gewicht an, da dies die Schwelle zwischen Säugling und Selbstständigkeit ist. Finden Sie so einen Igel im Sommer und ist er gut genährt, kann er in der Regel draußen gelassen werden.

Ist es allerdings schon Oktober, wird es kritisch. Im November muss ein Igel mit diesem Gewicht auf jeden Fall gesichert werden. Aber dazu gleich mehr.

Ein Igel mit der Größe einer Grapefruit wiegt zwischen 500 und 600 Gramm und ist so weit ausgewachsen. Ist er so groß wie eine Mango, erreicht er schon bis zu 800 Gramm.

Natürlich haben Sie auch nicht immer einen Obstkorb zur Hand, aber diese Vergleiche bieten eine erste Orientierung, wenn Sie einen Igel finden.

Nun kommt die Jahreszeit ins Spiel, denn die Überlebenschancen hängen stark von der Jahreszeit ab.

Um den Winterschlaf zu überleben, muss der Igel im November mindestens 500 Gramm, besser 600 Gramm wiegen. Wiegt er weniger (siehe Grapefruit), muss er in menschlicher Obhut überwintern.

Manche Spätzünder werden noch im September geboren und erreichen nur schwer bis November das Gewicht. Deshalb müssen kleine Igel ab Oktober besonders beobachtet werden. Man sagt, dass ein Igel im Oktober schon 300 bis 400 Gramm wiegen muss. Igel, die unter 300 Gramm wiegen und allein unterwegs sind, müssen immer gesichert werden. Hierbei auf jeden Fall nach Geschwistern suchen und diese, wenn vorhanden, ebenfalls sichern. Ich gebe zu, dass das Thema Gewicht schwierig ist, weil es von vielen Faktoren abhängt, ob der Igel Hilfe braucht. Wenden Sie sich im Zweifel immer an eine Pflegestelle. Wie Sie diese finden, erläutere ich später noch.

Ein weiterer Hinweis bietet der Blick „von oben herab". Ein gesunder Igel mit Idealgewicht ist rund wie ein Ball oder wie ein Apfel. Untergewichtige Igel sind eingefallen, Sie können beim Blick von oben die Hüftknochen sehen und der Igel sieht ein bisschen aus wie eine Birne. Von der Seite sehen Sie den „Hungerknick", eine Falte zwischen Kopf und Nacken, die dem Igel ebenfalls eine Birnenform gibt. Abgemagerte Igel stehen hoch und haben lange Beine, während sie bei gesunden Igeln kaum zu sehen sind.

Augen sind das Fenster zur Seele, so sagt man. Bei Igeln können Sie anhand der Augen auch auf den Gesundheitszustand schließen. Verklebte Augen und eine schniefende Nase deuten auf eine Infektion mit Würmern hin, die für den Igel tödlich sein können. Finden Sie einen Igel mit verklebten, geschlossenen Augen und einer Schniefnase, aus der beim Atmen Blasen kommen, braucht er auf jeden Fall Hilfe.

Rollt er sich nicht mehr ein, liegt apathisch herum und atmet flach, braucht er definitiv Hilfe, denn dann ist er schwer krank. Doch was kann einen Igel so krank machen?

WAS DEN IGEL KRANK MACHT – VON FLÖHEN UND ANDEREN PARASITEN

Flöhe! Das ist bestimmt das Erste, woran Sie denken müssen, wenn Sie von Igeln hören. Ich müsste lügen, würde ich sagen, dass Igel keine Flöhe anschleppen.

Ja, Igel haben Flöhe. Aber die sind nicht das größte Problem, womit sich Igel herumschlagen müssen. Aber keine Sorge, ich erkläre Ihnen noch, wie Sie den Igel sicher von den Plagegeistern befreien. Grob gesagt, gibt es zwei Arten von Parasiten, die Endoparasiten und Ektoparasiten. Flöhe gehören wie Zecken, Milben und Fliegenmaden zu den äußeren, also den Ektoparasiten. Gefährlich sind vor allem Innenparasiten, die Endoparasiten. Meistens sind Igel von allerart Würmern befallen, darunter der Lungenwurm, der Darmhaarwurm, der Bandwurm und der Darmsaugwurm. Dazu kommen noch Kokzidien, kleine Tiere, die sich parasitär in Säugetieren einnisten.

Igel nehmen die Würmer hauptsächlich über Schnecken und Regenwürmer auf, da die Parasiten diese als Zwischenwirt nutzen. Igel fressen Schnecken vor allem dann, wenn sie keine anderen Insekten finden und infizieren sich mit den Wurmeiern und Larven. Diese vermehren sich im Igel und gelangen über den Blutkreislauf zum Beispiel in die Lunge. Einem gesunden Igel schaden sie kaum, ist der Igel jedoch aufgrund von Verletzungen oder Nahrungsknappheit geschwächt, kann der Wurmbefall zu schweren Lungenentzündungen und Durchfallerkrankungen führen und den Igel stark auszehren. Symptome von Lungenentzündungen sind Husten, Atemgeräusche, schleimiges Nasensekret und verklebte Augen sowie Untergewicht und Durchfall. In diesem Zustand verweigern Igel oft das Futter, sind apathisch und rollen sich nicht mehr ein.

Leichte Infektionen zeigen sich vor allem durch

Unruhe und fehlende Gewichtszunahme trotz Fressen und Appetit.

Neben den Würmern gibt es die Kokzidien. Das sind kleine Parasiten, die sogar zu Lähmungen führen können. Symptome sind tannengrüner, schleimiger Kot und Lähmungen der Hinterbeine. Auch, wenn es nicht angenehm ist: Überprüfen Sie den Igelkot auf Konsistenz, Farbe und Geruch. Denn der kann schon einiges über den Zustand des Igels aussagen. Merken Sie sich: Igel, die im Herbst gefunden werden, sind immer verwurmt. Deshalb ist eine Kotuntersuchung obligatorisch. Auch, wenn der Igel so weit gesund aussieht.

Äußere Parasiten sind vor allem Flöhe, Zecken, Milben und Fliegeneier. Vor allem letztere sind für Igel eine sehr, sehr große Gefahr.

Wissen Sie, warum Fliegen ihre Eier auf Leichen ablegen? Weil die Maden Fleisch lieben. Allerdings legen Fliegen auch gern ihre Eier auf schwachen Tieren ab. Und wenn das passiert, rennt die Zeit. Denn die Maden fressen die Igel bei lebendigem Leib auf.

Ich schreibe das so eindringlich, weil ich selbst schon Maden aus einem Igel geholt habe. Dieser Igel war zu klein, unterkühlt und hatte eine tiefe Wunde hinter dem Ohr, in der sich schon Maden über das Buffet hergemacht hatten.

Maden schlüpfen nach etwa 24 Stunden und fangen sofort zu fressen an. Um das zu verhindern, müssen sofort alle Fliegeneier entfernt werden. Diese sehen aus wie kleine gelbe Sägespäne, die zwischen den Stacheln und im Fell der Igel teilweise wie ein Päckchen kleben.

Die Eier können mit Pinzette oder einer sauberen Wimperntuschebürste entfernt werden. Es ist egal, wie – Hauptsache sie werden entfernt.

Milben sind zwar weniger tödlich, aber auch lästig, denn Milbeninfektionen führen gern mal dazu, dass der Igel seine Stacheln verliert. Zum Stachelverlust können auch Hautpilze führen. Hier gilt: Vorsicht, Ansteckungsgefahr!

Nun kennen Sie die wichtigsten Parasiten und wissen, woran Sie diese erkennen. Wie Sie einen Igel sichern und wie Sie das Krankenzimmer einrichten, erfahren Sie im nächsten Kapitel.

Igel retten – Ein großes Projekt

IGEL SICHERN – EIGENSCHUTZ UND ERSTE HILFE

In den letzten Kapiteln haben Sie gelernt, was ein Igel überhaupt ist, wie er lebt, was er frisst und was ihn krankmacht. Nun kommen Sie ins Spiel und lernen, wie Sie ein Igelretter werden.

Wenn Sie einen Igel pflegen, brauchen Sie als Igel-Erstausstattung:

• Eine große Plastikbox mit einem Volumen von 130 Litern.

• Ganz viel Zeitung. Keine Prospekte, sondern wirklich nur die einfache Tageszeitung

- Küchenkrepp
- Flächen- und Händedesinfektionsmittel
- zwei Ton- oder Porzellannäpfe
- ein Igelhäuschen aus Plastik
- hochwertiges Katzenfutter, am besten mit 90 % Fleisch, ohne Getreide, Gelee und Soße
- einen warmen Platz bei Zimmertemperatur
- dicke Gartenhandschuhe und Einmalhandschuhe
- Wärmeplatte für Kleintiere.

Die Einmalhandschuhe brauchen Sie, um sich selbst vor Infektionen zu schützen. An sich übertragen Igel keine schlimmen Krankheiten, allerdings können Igel, wie die meisten Wildtiere, Salmonellen übertragen. Dazu kommt eine gewisse Gefahr, sich mit einem Hautpilz zu infizieren. Deshalb sollten Sie immer Einmalhandschuhe tragen. Mit den Gartenhandschuhen schützen Sie sich vor den spitzen Stacheln, denn die können ganz schön wehtun.

Angenommen, Sie finden einen Igel im Garten. Heben Sie ihn vorsichtig hoch und legen Sie ihn in einen Karton, damit Sie in Ruhe die Box vorbereiten können. Da Igel gut klettern können, sollte die Box, in der er vorerst warten muss, entweder mindestens

40 cm hoch sein oder verschlossen werden. Denken Sie dann natürlich an Luftlöcher.

Um die Box vorzubereiten, legen Sie den Boden mit einigen Schichten Zeitung aus, bis der Boden einigermaßen gepolstert ist. Dann zerknüllen Sie die weiteren Zeitungsblätter und füllen Sie damit das Schlafhäuschen aus. Stellen Sie eine Schale mit Wasser bereit und stellen Sie die Box an einen Platz mit Raumtemperatur. Nun beginnt die Zeit des Putzens, denn Sie müssen die Box täglich putzen und die gesamte Zeitung auswechseln. Desinfizieren Sie die Box samt Schlafhaus und spülen Sie die Näpfe jeden Tag mit heißem Wasser aus, damit sich der Igel nicht selbst immer wieder mit seinen eigenen Krankheitserregern ansteckt. Bitte legen Sie kein Laub in die Box. Die Gefahr ist groß, dass sich der Igel wieder mit etwas infiziert. Bevor der Igel einziehen kann, muss er durchgecheckt und bei Bedarf Erste-Hilfe geleistet werden.

Ich gehe nach folgendem Schema vor:

• Wie viel wiegt er?

• Hungerknick oder hervorstehende Hüftknochen?

• Augen klar und rund?

- Nase feucht oder verschnupft?
- Verletzungen?
- Flöhe, Fliegeneier oder gar schon Maden?
- Wie ist sein Allgemeinzustand? Körpertemperatur?

Um herauszufinden, ob der Igel zu kalt ist, machen Sie den Hände-Test. Ist der Bauch des Igels kälter als die eigene Hand, ist er unterkühlt.

Wichtig ist, den Igel langsam aufzuwärmen und ihm erst Futter, Wasser und Medikamente zu geben, wenn er warm ist, da der Körper vorher nichts verwerten kann.

Legen Sie den Igel dazu in die Box und geben Sie ihm eine lauwarme Wärmeplatte, Wärmflasche oder Handschuh mit warmem Wasser dazu, aber so, dass der Igel wieder heruntergehen kann, wenn es ihm zu warm wird.

Da Igel bei Kälte oder Futtermangel den Stoffwechsel herunterfahren, kommen viele Krankheitssymptome erst richtig zum Vorschein, wenn der Stoffwechsel wieder hochfährt. So kann es sein, dass es einem Igel erst scheinbar gut geht und sich dann der Gesundheitszustand rapide verschlechtert.

Daher müssen Sie den Igel in den ersten 24 Stunden gründlich beobachten, um im Notfall schnell reagieren zu können.

Zur Erstversorgung können Sie den Igel infundieren, das bedeutet, dass Sie ihm sterile NaCl-Lösung unter die Haut spritzen. Das ist unkomplizierter, als es klingt. Sie können ihm ungefähr 10 ml in Richtung der Flanken unter die Haut spritzen. Wichtig ist, dass Sie es ihm nicht in den Wirbelsäulenbereich spritzen, da die Flüssigkeit die Nerven abdrücken kann.

Das wäre also geklärt. Doch da sind ja noch die Flöhe.

PFLEGEIGEL ENTFLOHEN

Natürlich sind Flöhe bei Igeln ein gewisses Problem. Und dass die Behandlung gegen Flöhe oft eine Gratwanderung ist, macht es auch nicht leichter.

Das Problem: Igel reagieren extrem empfindlich auf Flohmedikamente, unter Umständen können sie daran sterben. Deswegen ist es besonders wichtig, den Igel nicht auf eigene Faust gegen Flöhe zu behandeln. Mittel wie Spot-Ons sind ungeeignet, da sie schlecht zu dosieren sind und den Igel in kurzer Zeit töten können. Puder sind ebenfalls nicht als alleinige Lösung zu empfehlen, da der Igel das Puder beim Laufen in der Box verteilen und so einatmen oder verschlucken kann.

Um den Igel ohne chemische Mittel zu entflohen, können Sie ihn in warmem Wasser baden und auf diese Weise die Flöhe auswaschen. Mit einer Zahnbürste oder Tesafilm können die Flöhe herausgebürstet, abgesammelt und entsorgt werden. Wenn Sie täglich die Zeitung in der Igelbox wechseln, können Sie so nach und nach die Flöhe loswerden.

Der Igel darf allerdings erst gebadet werden, wenn er langsam aufgewärmt worden ist, sonst droht ein Kreislaufzusammenbruch. Ebenso muss er vorher auf Wunden untersucht worden sein, sonst drohen Kreislaufprobleme und Wundinfektionen.

Eine zweite Möglichkeit ist es, den Igel mit einem ausgewählten Mittel kurz einzusprühen und dieses dann auszuwaschen. Dadurch werden die Flöhe getötet und nach und nach ausgewaschen. Flöhe, die nicht ausgewaschen werden, fallen im Laufe der Zeit vom Igel ab, sodass sie täglich mit der Zeitung entsorgt werden können. Fragen Sie vorher bei erfahrenen Igelpflegestellen nach, welche Mittel geeignet sind, denn nicht jedes Flohmittel ist verträglich. Sparen Sie auf jeden Fall den Kopf aus, damit das Tier das Spray nicht in die Augen bekommt oder einatmet.

Normalerweise brauchen Sie vor Igelflöhen keine Angst zu haben, denn Igelflöhe bleiben in der Regel beim Igel und meiden den Kontakt zu Menschen und Haustieren. Dennoch können auch Katzen- und Hundeflöhe Igel befallen, welche auch Menschen befallen können. Um dies zu verhindern, können Sie die Igelbox mit einem feinen Gitter abdecken und die Unterseiten mit doppelseitigem Klebeband bekleben. Wenn die Flöhe den Igel verlassen wollen, kleben sie fest und können so nicht aus der Box herauskommen.

So, nun haben Sie Ihren ersten Igel aufgenommen. Es geht ihm so weit gut, er ist frei von Flöhen und nun möchten Sie ihn zur Sicherheit beim Tierarzt durchchecken lassen. Doch worauf müssen Sie bei der Wahl des Tierarztes achten?

EIN IGEL MUSS ZUM ARZT – WIE FINDET MAN DEN RICHTIGEN TIERARZT?

Ich muss Sie direkt enttäuschen: Einen Tierarzt zu finden, ist nicht leicht. Denn die wenigsten Tierärzte lernen im Studium, wie Wildtiere behandelt werden. Und die, die es können, schreiben es meistens nicht auf die Website. Bei Igelfragen sind deshalb Igelpflegestellen und Igelstationen die bessere Wahl, da diese zum einen über ein umfangreiches Fachwissen verfügen und zum anderen Adressen von guten Tierärzten haben.

Igelpflegestellen sind gut über das Internet zu finden. Dazu gibt es das Igel-Notnetz mit einer eigenen Hotline, die 24/7 erreichbar ist. Dort können Sie Informationen über Igelpflege und über Pflegestellen einholen und sich im Notfall beraten lassen. Gehen Sie also nicht zum erstbesten Tierarzt, sondern fragen Sie einen Experten. Oft führen Pflegestellen auch eine Notfallversorgung mit Infusion und Medikamenten durch, wenn es brennt.

Facebookgruppen bieten auch einen regen Austausch an und klären auch kurzfristig Notfallfragen, da offizielle Pflegestellen in der Regel überfüllt sind.

In Facebookgruppen finden sich gern auch private Päppler, die Ihnen bei der Suche nach einem Tierarzt helfen. Lokale Tierrettungsgruppen helfen auch immer gern, wenn es möglich ist. Es kann definitiv nicht schaden, sich eine Liste mit Kontakten anzulegen, bevor der erste Igel einzieht, damit es im Notfall schnell geht.

So, der Igel ist versorgt und gut drauf. Er muss nur noch zunehmen und im Endeffekt eines tun: fressen, fressen, fressen.

UND PLÖTZLICH WIRD ES STACHELIG – WENN EIN IGEL EINZIEHT

Ob Baby, Welpe oder ein Kitten, die meisten hatten selber eines oder kennen jemanden, der eines hat. Anders sieht es aus, wenn plötzlich ein Igelbaby bei Ihnen einzieht. Ein kleines, stacheliges Etwas, das man oft nur aus dem Fernsehen oder zufällig vom abendlichen Spaziergang kennt.

Als ich ein Kind war, kauften meine Eltern einen Welpen. Dieser Welpe fraß alles, was wir ihm vorsetzten, spielte Ball, pinkelte auf unsere Teppiche und schlief überall ein, egal, wie unbequem es war.

Aber ein Igel? Ich musste zugeben, dass ich keine Ahnung hatte, was auf mich zukam.

Alles, was ich zu diesem Zeitpunkt wusste, hatte ich vorher von Igelwebseiten gesammelt. Igelbabys trinken nur spezielle Kittenaufzuchtmilch, sind ansonsten reine Fleischfresser und müssen zehn Gramm am Tag zunehmen. Klingt erst einmal nicht so kompliziert.

Dann kam die Nachricht über den Tierschutzverein, dass ein kleines Igelbaby gefunden worden sei. Ich erklärte mich bereit, nach ihm zu sehen, und fuhr einen Tag später los, um das kleine Baby einzusammeln.

Bewaffnet mit Karton und Handschuhen stand ich da und hielt plötzlich eine Handvoll Igel in meinen Händen. Die Stacheln waren noch weich und er war so klein, dass er nicht einmal meine Hand ausfüllte.

Er turnte in der Box herum, naschte am Katzenfutter, das von der Finderin in die Box gelegt wurde, und schnüffelte sich durch die Zeitung, welche die Box ausfüllte. Quietschfidel, wie ich dachte. Ein kleiner, neugieriger Stachelball, den ich erst einmal „Rambo" taufte. Also ab mit ihm zu einer Kollegin von der Tierrettung zum ersten „Igel-Check-Up".

Rambo war geschätzt drei Wochen alt und wog 95 Gramm, was für Anfang September weder zu jung noch zu klein ist. Das Problem bei Rambo war also nicht, dass er für sein Alter zu klein war, sondern dass er allein unterwegs gewesen ist und somit keine Überlebenschance gehabt hätte.

Rambo hatte Glück, er war gesund und munter. Inzwischen wiegt er über 600 Gramm und bereitet sich im Außengehege auf den Winterschlaf vor. Inzwischen leben vier Igel bei mir, alle unterschiedlich alt und mit ganz unterschiedlichen Lebensgeschichten. Und eines können sie alle: Mich ordentlich auf Trab halten.

Denn auch, wenn Igel so klein und niedlich sind: Sie können einen ganz schönen Krach und Dreck machen.

Täglich die Box putzen, den Igel täglich wiegen und füttern. Gerade kleine Babyigel müssen alle zwei Stunden am Tag gefüttert werden, was einen im Alltag ziemlich einschränken kann. Zum Glück ist diese Phase kurz, denn wenn der Igel fit ist, wird er um die 20 Gramm am Tag zunehmen. Und je mehr er zunimmt, desto seltener muss er am Tag gefüttert werden, bis er nur noch abends seine volle Schale erwartet.

DER STACHELRITTER UND DIE FELLNASE – WIE KOMMT EIN HUND MIT DEN IGELN ZURECHT?

Stellen Sie sich vor, Sie sind seit Jahren Einzelkind, genießen den Luxus der vollen Aufmerksamkeit der Alleinstellung als Prinz in der Familie und plötzlich taucht so ein komisch riechendes Wesen auf, welches Sie nur von draußen aus dem Busch kennen und zu allem Überfluss wird es auch noch von allen bewundert.

Und nicht nur das! Sie kommen nichts ahnend aus dem Urlaub zurück und plötzlich ist da noch ein zweites, komisches Ding, welches auch noch in Ihrem Wohnzimmer wohnt. Sie würden ausflippen, oder?

Zugegeben, im echten Leben hätte ich meinen Mitbewohnern einen Vogel gezeigt. Mein armer Hund konnte dies leider nicht und musste sich mit der Situation abfinden. Ich weiß, ziemlich fies. Und er zeigt seinen Unmut jeden Tag lautstark, damit wir es bloß nicht vergessen. Wie ich letztendlich damit umgegangen bin und worauf Sie achten sollten, wenn Sie als Hundehalter Wildtiere päppeln wollen, beschreibe ich Ihnen aufgrund meiner eigenen Erfahrungen.

Ich gebe offen zu, meinen Hund sehr zu verwöhnen. Ich bezeichne mich selbst als „Helikopter-Tiermama" und leugne es nicht. Ähnliche Verhaltensweisen zeige ich auch meinen Igeln gegenüber und das war wohl der Punkt, der meinen Hund am meisten gestört hat. Denn wer möchte schon seine Aufmerksamkeit teilen?

Wenn ein Igel einzieht, gibt es einige Dinge zu beachten, die vor allem aus medizinischer Sicht wichtig sind:

Igel sind Flohtaxis! Ich habe selten so viele Flöhe auf einem Tier gesehen wie auf meinen Igeln. Ein Grund, weswegen ich sie besonders am Anfang von meinem Hund fernhalte.

Auch, wenn Igelflöhe wirtsspezifisch sind, gibt es immer wieder Fälle, in denen die Flöhe Menschen samt Haustieren befallen haben. Das Problem hierbei ist: Was mein Hund nicht darf, ist besonders interessant. Und was interessant riecht, muss natürlich begutachtet werden und diesen Wunsch kommuniziert er lauthals.

Wie löse ich also das Problem? Ablenkung ist hier mein Mittel der Wahl. Das ist schwierig, wenn ich mit Hund und Igel allein bin. Den Hund wegzusperren, hilft ebenfalls nicht, das stresst ihn umso mehr. Ich persönlich versuche, meinen Hund so weit einzubeziehen, ohne ihn und den Igel zu gefährden.

Zudem entflohe ich die Igel, so schnell es geht, damit mein Hund sich ihnen zumindest in dieser Hinsicht gefahrlos nähern kann.

Das zweite Problem: Igel können auch andere Parasiten übertragen. Insbesondere Würmer sind ein Problem, weshalb natürlich pingelig auf die Hygiene geachtet werden muss. Wer also einen Hund hat, sollte darauf achten, dass dieser nicht in Kontakt mit dem Igelkot kommt. Mein Hund liebt Igelkot (zu meinem völligen Unverständnis) und wühlt gern im Müll herum, trotz Deckel und verschlossenen Müllbeuteln. Auch da bitte strickt aufpassen.

Hunde können umgekehrt auch Parasiten auf Igel übertragen. Besonders kranke Igel sind gefährdet, da ihr Immunsystem geschwächt ist. Mein Hund muss allerdings alles anlecken und mit der Pfote antatschen. Achten Sie also darauf, dass er weder ans

Katzenfutter geht noch den Igel bei Behandlungen mit Nase, Zunge und Pfote berührt. Meiner hält sich... ach, reden wir nicht drüber. Inzwischen ist sein Zweitname „Kalli, lass den Igel in Ruhe". Aber daran arbeiten wir noch.

Ein dritter Punkt ist das Thema „der Hund ist kein Freund". Alle meine Igel sind bei mir, um ausgewildert zu werden. Heißt, sie dürfen sich weder an Menschen noch an Hunde gewöhnen, um den Fluchtinstinkt nicht zu verlieren. Da manche Igel mehrere Monate bleiben müssen, tritt zwangsläufig ein Gewöhnungseffekt ein, der sich bei der Auswilderung schnell legen sollte. Um die Igel gar nicht erst an meinen Hund gewöhnen zu lassen, halte ich sie, wie schon geschrieben, fern und kümmere nicht nur so viel wie nötig um sie. Also kein Kuscheln oder Verhätscheln, denn das behindert nur die Igel-Mensch-Beziehung.

Was die Akzeptanz des Hundes betrifft, gibt es kein Patentrezept. Ich bin mir sicher, dass meine erste Hündin gut mit der Situation umgegangen wäre, da sie grundsätzlich sehr entspannt gewesen ist. Mein Hund ist allerdings rassebedingt unruhig und reagiert auf Kleintiere mit einem starken

Jagdtrieb und das wird sich kaum heraus trainieren lassen. Deswegen arbeite ich, soweit es geht, mit Lob auf das gewünschte Verhalten, bestrafe ihn aber nicht, wenn es nicht klappt.

Ich päppele seit einigen Monaten und es funktioniert. Natürlich ist alles, was mit den Igeln zu tun hat, spannend und wer weiß, ob er nicht doch mal probieren darf, weshalb ich immer einen haarigen Schatten hinter mir habe. Und wer weiß, vielleicht habe ich mir auch angewöhnt, meinem Hund abends einen Löffel Katzenfutter abzugeben. Aber nur vielleicht! Ich bin ja keine Helikopter-Tiermama.

FUTTER UND SNACKS – EINE FRAGE DER QUALITÄT

Die Futterfrage ist eine spannende Frage, denn Igel sind sehr wählerisch, wenn es um ihr Essen geht. In erster Linie müssen Igel Fleisch fressen. Obst, Gemüse und Getreide vertragen sie gar nicht und diese dürfen daher nicht verfüttert werden. Im Einzelhandel wird oft Igelfutter angeboten, aber ich kann Ihnen gleich raten, davon die Finger zu lassen. Denn meistens besteht Igelfutter aus einer Mischung aus Fleischresten, Getreide und Zusatzstoffen. Das

Futter bietet Igeln keinen wirklichen Nährwert, ganz im Gegenteil, es kann Ihnen sogar schaden und zu Durchfall und Bauchschmerzen führen.

Was auf Ihrer Einkaufsliste stehen soll, ist hochwertiges Katzennassfutter mit mindestens 90 % Fleisch ohne Gelee und Soße. Dazu fressen sie gern ungewürztes Rührei ohne Fett, Thunfisch im eigenen Saft, gekochtes Hähnchenfleisch und Insekten. Sie können lebende Mehlwürmer, getrocknete Mehlwürmer und Zophobas im Tierfachmarkt kaufen. Gerade lebende Insekten bieten den Igeln eine schöne Abwechslung, wecken den Jagdtrieb und bieten wertvolle Proteine.

Handelt es sich bei dem Igel noch um einen Säugling, müssen Sie ihm Kittenaufzuchtmilch geben. Keine Kuhmilch, da Igel den Milchzucker nicht vertragen. Die Kittenaufzuchtmilch besteht aus einem Pulver, welches mit heißem Wasser angerührt wird und ist fast laktosefrei. Gegen Blähungen gibt es freiverkäufliche Mittel, welche die Milch noch verträglicher machen. Igelsäuglinge sollten ausschließlich diese Milch bekommen, sonst drohen Durchfall und Blähungen. Geeignete Marken können Sie bei den Igelstationen erfragen, die wissen genau, welche

Produkte zu empfehlen sind.

IGELGERUCH – STINKEN IGEL WIRKLICH?

Tatsache ist: Igel riechen. Dieses delikate Thema kommt immer wieder auf, wenn ich sage, dass ich Igel pflege. Und die meisten sind völlig überrascht, wenn sie zu Besuch kommen und nicht vor lauter Igelgestank hinten überfallen.

Wie Hunde, Katzen und Menschen haben auch Igel einen gewissen Eigengeruch, der völlig normal ist.

Viele Menschen denken, dass Igel stark riechen würden. Nach vier Igeln kann ich sagen: Es stimmt halb.

Was ist es denn nun, was an Igeln so stinkt? Wenn Sie einen Hund oder eine Katze haben, wissen Sie, dass deren Kot sehr intensiv riecht. Da Igel ebenfalls Fleischfresser sind, riecht auch deren Kot sehr intensiv. Ein Grund, weswegen Sie die Box täglich reinigen müssen. Auf diese Weise entsorgen Sie alten Kot und Urin und stellen dabei noch die richtige Hygiene sicher, denn Igel sind nun einmal kleine Schweinchen und machen ihr Geschäft dahin, wo sie gerade stehen.

Ein zweiter Aspekt ist das Futter, denn Nassfutter müffelt. Immerhin ist es Fleisch und wir wissen, wie unsere Küche duftet, wenn wir ein leckeres Steak in der Pfanne gebraten haben. Meistens riecht das Futter sogar intensiver als der Igel selbst.

Ein dritter Aspekt ist der Igel selbst, denn ein kranker Igel riecht stärker als ein gesunder Igel. Gerade der Kot stinkt, wenn der Igel an einer Parasiteninfektion leidet und Durchfall hat. Seien Sie ehrlich, auch das Problem kennen Sie sicher von sich selbst oder Ihren anderen Haustieren, oder?

Natürlich riecht man es, wenn man Haustiere hat. Ich kann aber aus Erfahrung sagen, dass sich der Gestank wirklich in Grenzen hält, wenn man regelmäßig lüftet und die Box täglich saubermacht.

Selbst unsere Gäste haben anfangs nicht gemerkt, dass sich ein Igel im selben Raum befindet und das heißt schon was. Natürlich hängt der Geruch auch davon ab, wie viele Igel in Ihrem Zuhause wohnen und in welchem Gesundheitszustand sie sich befinden.

Nebenbei: Igelsäuglinge stinken fast gar nicht. Wenn Sie also einen Säugling dahaben, haben Sie noch etwas Zeit, bis die stinkige Phase anfängt.

DRAUßEN WIRD ES KALT – DER ERSTE IGELWINTER

Der erste Winter ist eine besondere Zeit. Über Wochen haben Sie den Igel gefüttert, bis er seine dicken 700 Gramm erreicht hat, haben seine Box geputzt, sich um ihn gekümmert und ihm vielleicht einen Namen gegeben. Und nun kommt der Moment des ersten Abschieds, denn Sie müssen ihn jetzt in den Winterschlaf entlassen.

Das ist nicht leicht und ich verstehe, dass Sie in diesem Moment schwermütig werden. Mir ging es nicht anders und ich gestehe, eine Träne vergossen zu haben.

Sobald es draußen kalt und ungemütlich wird, tun Igel das, worum ich sie fast ein bisschen beneide: Sie kuscheln sich ein und schlafen, bis das Wetter wieder schön wird. Wenn der Igel sein Leben bis zu diesem Zeitpunkt in der Wohnung verbracht hat, muss man ihm erst den Input geben, seinen Stoffwechsel herunterzufahren. Stellen Sie ihn dazu an einen sehr kalten Ort, zum Beispiel auf den Balkon, in den Garten oder auf die Terrasse.

Ich habe meine Igel frühzeitig ins „Igel-Boot-camp" entlassen und ihnen im Garten ein Gehege mit Häuschen und ganz viel Laub aufgestellt. Wenn Sie keinen Garten haben, tut es auch die Box auf dem Balkon, natürlich gegen Vögel, Katzen und Ratten gesichert.

Wird es kalt, wird der Igel automatisch das Fressen herunterfahren und inaktiver werden. Hört der Igel plötzlich auf zu fressen, müssen Sie sich keine Sorgen machen, denn der Igel passt langsam seinen Stoffwechsel an die Kälte an. Bieten Sie ihm dennoch weiterhin Futter an, denn der Igel wird zwischendurch noch herauskommen, um seine Reserven aufzufüllen. Sie können auch ein Stück Zewa über den Eingang kleben, dann sehen Sie, ob der Igel noch wach ist. Ist er definitiv inaktiv und eingeschlafen, stellen Sie Trockenfutter hin, falls er doch einmal wach wird. Manche Igel sind schlaffaul und wollen nicht einschlafen. Eine rabiatere Methode ist der Futterentzug. Dabei nehmen Sie dem Igel das Futter weg und hoffen, dass er dadurch genug Anreiz hat, in den Winterschlaf zu gehen. Diese Methode ist rabiat, weil ein Igel, der nichts zu fressen findet, erst einmal nervös wird. Im besten Fall versteht er es als Anreiz und fährt den Stoffwechsel herunter.

Eine dritte Methode ist, den schon fast schlafenden Igel in eine belüftete Kiste zu packen und bei 4 °C in den Kühlschrank zu stellen. Manche Pflegestellen agieren so, um die Temperatur konstant zu halten und den Igel nicht durch Temperaturschwankungen wieder aufwachen zu lassen. Dies wird nicht von allen praktiziert und ist, wie gesagt, die rabiate Methode.

Schläft er nicht ein, gibt es verschiedene Ursachen. Es ist wichtig, weiterhin das Gewicht zu kontrollieren, um rechtzeitig eingreifen zu können. Verliert der Igel draußen Gewicht, kann es an einer neuen Parasiteninfektion liegen oder daran, dass die Igel aufgrund von Temperaturschwankungen zu viel Energie verbrauchen, die sie sich nicht rechtzeitig wieder anfressen können.

Bei Gewichtsverlust sollten sie wieder hereingeholt und der Kot noch einmal auf Parasiten untersucht werden. Grundsätzlich sollte der Igel vier Wochen nach einer Entwurmung noch einmal untersucht werden, ob wirklich keine Parasiten mehr zu finden sind.

Ist der Kleine erst einmal im Winterschlaf, heißt

es, bis zum Frühjahr zu warten. Ja, die erste Trennung ist nicht leicht. Wenn man sich an das Tier gewöhnt hat und plötzlich das Füttern, Putzen und Wiegen wegfällt, kann das schon schwierig sein. Aber seien Sie beruhigt: Es ist unglaublich großartig, wenn man den Igel so weit großgezogen hat, dass er in den Winterschlaf gehen kann.

DAS FRÜHJAHR – EIN IGEL IST ERWACHSEN

Die Natur erwacht langsam aus der Winterstarre und mit ihr auch die Igel. Die ersten tapsen aus ihren Nestern und suchen nach dem ersten Snack.

Igel haben in den letzten Monaten 1/3 des Körpergewichtes verloren und müssen jetzt erst einmal fressen. So auch Ihr Pflegeigel, der langsam aus seinem Häuschen gekrochen kommt. Bevor Sie den Igel in die verdiente Freiheit entlassen können, muss er sich erst einmal wieder sein Gewicht anfressen. Das heißt, Sie müssen ihn noch einige Zeit weiter füttern, bis er mehr wiegt als vor dem Winterschlaf. Bei Jungigeln beträgt das Auswilderungsgewicht etwa 700 bis 800 Gramm. Idealerweise kann der Igel diese Zeit im Außengehege verbringen, damit er sich an das

Klima gewöhnen und Muskeln aufbauen kann. Falls das nicht geht, ist es auch nicht schlimm.

Der Moment den Igel auszuwildern ist gekommen, wenn die Sträucher und Hecken ergrünen und die Insekten wieder zurück sind. Meistens ist der Zeitpunkt Ende April bis Mitte Mai erreicht. Um den Igel in die Freiheit zu entlassen, bauen Sie abends einfach das Gehege ab und lassen Sie Häuschen und Futterstelle da. Der Igel wird von allein verschwinden, sobald das Gehege weg ist. Es kann sein, dass der Igel noch ein oder zwei Nächte vor Ort zum Fressen kommt. Meistens wird er dann seinen eigenen Weg gehen.

Kennen Sie noch den Fundort des Igels, lassen Sie ihn dort laufen, wenn dieser nicht direkt an einer Gefahrenstelle liegt, denn Igel haben ein sehr gutes Ortsgedächtnis. Dazu fahren Sie mit ihm zum Fundort und setzten ihn ab. Er wird sich zeitig davon machen. Seien Sie nicht traurig, wenn er sich nicht umdreht. Das ist völlig normal und ein gutes Zeichen, denn der Igel muss jetzt allein zurechtkommen und sollte sich nicht an Menschen gewöhnt haben.

Egal, wie rational man ist: Der Abschied ist nicht leicht. Doch für den Igel ist das der Zeitpunkt, auf den er die ganze Zeit gewartet hat, und er wird sich sehr freuen, wieder durch die Natur streifen zu können.

Klopfen Sie sich auf die Schulter, denn Sie haben einem Igel das Leben gerettet. Und dank Ihnen kann der jetzt die Welt erkunden und das tun, was Igel nun einmal so tun. Das haben Sie gut gemacht.

HILFE FÜR WILDTIERE – WIE SIE DEN GARTEN IN EIN IGELPARADIES VERWANDELN

Wenn Sie schon immer ungern Rasen gemäht haben, ist jetzt Ihre Stunden gekommen, denn ein Tierparadies ist vor allem eines: unordentlich.

Natürlich heißt das nicht, dass Sie nie wieder etwas im Garten tun sollen, doch Sie sollten auf jeden Fall sämtliche Gartengeräte wie Mähroboter, Laubbläser und Trimmer in den Müll werfen (oder zumindest in den Schuppen stellen).

Ein Tierparadies ist natürlich, etwas verwildert und bietet umfangreiche Futter- und Versteckmöglichkeiten. Um für genügend Futter zu sorgen, sollten Sie Wildblumen pflanzen, die blühen. Denn wo Bienen sind, sind auch andere Insekten und darüber freuen sich Vögel und Igel. Sie müssen dafür nun nicht hunderte verschiedener Samen kaufen, im Handel gibt es Saatmischungen extra für Bienen, die Sie nur noch streuen müssen. Der Rest kommt von allein.

Gerade im Sommer sind Futter- und Wasserquellen besonders wichtig. Stellen Sie deshalb Wasserschalen auf, damit die Tiere trinken können. Nicht nur Igel lechzen in der Hitze nach Wasser, auch die Insekten haben Durst, weswegen Sie ihnen eine Insektentränke bauen können.

Nehmen Sie dazu eine flache Schale, füllen Sie diese mit frischem Wasser und legen Sie kleine Steine hinein. Die Insekten setzen sich auf die Steine und können trinken, ohne dabei ins Wasser zu fallen. Passiert es doch, können sie schnell wieder herausklettern. Solche Schalen werden von Vögeln auch gern zum Baden und Abkühlen genutzt. Igel freuen sich auch immer über frisches Wasser. Gerade die Insektenknappheit macht ihnen zu schaffen, weshalb es sich lohnen kann, zuzufüttern. Möchten Sie das tun, gibt es allerdings einiges zu beachten.

Nicht nur Igel lieben Katzenfutter, sondern auch Katzen, Füchse und andere Fleischfresser. Stellen Sie deshalb nicht einfach Katzenfutter in den Busch, sondern investieren Sie in ein Igelfutterhaus. Das besteht aus Holz und hat eine spezielle Klappe gegen Ratten.

Zudem hat es eine Trennwand, damit Katzen nicht an das Futter kommen. Der Igel tapst herein, geht um die Ecke und findet leckeres Futter vor. Das sollte natürlich täglich gewechselt und die Schale gereinigt werden. Zudem muss das Haus täglich gesäubert werden, damit die Futterstelle nicht zu einem Herd für Igelkrankheiten wird. Im Winter kann dieses Haus auf der einen Seite mit Stroh und Laub gefüllt werden, damit ein wilder Igel in diesem Haus seinen Winterschlaf abhalten kann.

Haben Sie nun Mähroboter und andere Gartengeräte verbannt, Blumen gepflanzt und Futter und Wasser hingestellt, geht es nun an die Hecken und Sträucher.

Igel lieben Totholz, alte Äste und Laub, denn darin können sie herumkriechen, schlafen und Futter suchen. Besonders unser verhasstes Unkraut ist für die Igel eine großartige Versteckmöglichkeit. Schaffen Sie also eine „wilde Ecke" im Garten, wo Unkraut wachsen und altes Gestrüpp liegen bleiben kann. Dort finden die Igel nicht nur tolle Insekten, sondern auch Schlaf- und Nestmöglichkeiten.

Fallen im Herbst die Blätter von den Bäumen, seien Sie auch da gern faul und kehren Sie die Blätter einfach ins Gebüsch. Die Igel schnappen sich das Laub und bauen damit ihr Nest für den Winter. Nehmen Sie bitte keinen Laubbläser, dieser macht nur Lärm und weht auch die letzten Insekten weg, welche die Igel gerade im Herbst dringend benötigen.

Nun haben Sie es geschafft: Ihr Garten ist eine Oase für Tiere und Sie können bald schon sehen und hören, wie glücklich die Tiere Ihren Garten bevölkern.

IGELCHARAKTERE – JEDER REA-GIERT ANDERS AUF STRESS

Wie Katzen, Hunde und Menschen hat auch jeder Igel seinen eigenen Dickkopf. Ich habe vier von ihnen und jeder ist eigen. Mein erster Igel ist ein ziemlicher Draufgänger, faucht und bockt, sobald man sich ihm nähert. Das ist völlig normal und streng genommen gesundes Igelverhalten. Mein zweiter Igel ist dagegen sehr entspannt und lässt sich kaum stressen. Er faucht eher weniger und reagiert gelassener auf Stress. Igel Nummer drei ist eine Schlafmütze und wirklicher sehr entspannt. Fast etwas zu entspannt für meinen Fall. Igel Nummer vier ist dagegen sehr unruhig und versucht immer wieder, die Boxenwand hochzuklettern. Er ist sehr lieb, aber wie ein unruhiges Kind, das viel Ablenkung benötigt.

Natürlich bedeutet Gefangenschaft für Igel immer Stress, da sie es nicht kennen, in einer kleinen Box zu sitzen. Das kann zu Stresssymptomen wie im Kreis zu laufen, an den Boxenwänden hochzuklettern und Verdauungsstörungen führen. Ich habe gesehen, dass jeder Igel anders damit umgeht. Während Igel Nummer zwei und drei in der Hinsicht sehr entspannt gewesen sind, hatten eins und vier eher daran zu knabbern. Nummer eins hat sich schnell daran gewöhnt, Nummer vier brauchte dagegen sehr lange. Beobachten Sie deshalb Ihre Tiere und achten Sie auf Stresssymptome. Abhilfe können Spielzeuge, Futtersuchspiele und ein weicher Untergrund schaffen, damit sich die Tiere nicht ihre empfindlichen Füße blutig laufen. Bieten Sie genügend Futter an, denn ein satter Igel ist ein zufriedener Igel.

LEID UND SCHMERZ – DIE SCHATTENSEITEN DER IGEL-PFLEGE

Zugegeben, das war der ideale Verlauf der Igelpflege. Doch die Rettung eines Igels kann auch anderes aussehen, denn in den meisten Fällen sind Igel so schwer krank oder verletzt, dass sie es nicht überleben.

Mein erster Verlust war eine Altigelin, die an einer schweren Lungenentzündung durch Lungenwürmer litt. Als ich sie fand, war sie schon sehr schwach und stark abgemagert, fraß nichts und war apathisch. Ich legte sie auf eine Wärmeplatte, infundierte sie und ließ sie in Ruhe. Nach 24 Stunden brachen die Symptome richtig durch und ihr Zustand wurde immer schlimmer. Der Tierarzt hat alles versucht, aber ihr Körper war zu schwach und sie schlief für immer ein.

Natürlich habe ich mich gefragt, ob ich etwas hätte anders machen können. Und die Antwort ist: nein. Denn wie ich schon beschrieb, wirken Medikamente nicht, bevor der Kreislauf nicht wieder hochgefahren ist. Selbst, wenn sie Medikamente bekommen hätte, hätten sie nicht gewirkt. Als der Stoffwechsel wieder hochgefahren war, kam auch die Lungenentzündung richtig durch. Zu diesem Zeitpunkt war es ein Rennen gegen die Zeit und auch ein Glücksspiel. Sie hat es leider nicht geschafft.

So ergeht es leider vielen Igeln. Denn wenn sie gefunden werden, ist es oft zu spät, da sie meistens erst tagsüber offen auf einer Wiese oder am Wegrand liegen, wenn sie zu schwach sind, um sich zu verstecken. Das ist hart und schwierig zu verstehen. Möchte man langfristig Igel pflegen, ist das leider etwas, an das man sich gewöhnen muss.

Es kann aber auch anders kommen. Mein zweiter Igel Erik kam unterkühlt und schwer verletzt bei mir an. Er war geschätzt vier Wochen alt und hatte

einen Abszess im Gesicht und eine tiefe Fleisch-
wunde hinter dem Ohr. Zudem klebten ihm Fliegeneier im Fell und die ersten Maden fraßen sich durch
seine Wunde. Er stand an der Schwelle zwischen Leben und Tod.

Nach einer Infusion entfernten wir ihm spät
abends mühsam die Maden und die Fliegeneier mit
einer Pinzette, gaben ihm Metacam und zogen alle
Zecken aus seiner Haut. Eine tote Zecke hing an seinem Abszess, der sich zum Glück beim Ziehen öff-
nete und der Eiter konnte abfließen.

Die erste Nacht war lang. Ich kontrollierte stän-
dig, ob er noch atmete, wärmte die Wärmeflasche
wieder auf und bereitete ihm Kittenmilch vor, die er
langsam, aber sichtbar hungrig schlürfte. Er über-
lebte die Nacht und ich bin gefühlt zehn Jahre geal-
tert. Ich fuhr also am nächsten Tag zum Tierarzt, wo
er untersucht und seine Wunde gereinigt wurde. Mit
einer Handvoll Antibiotikaspritzen fuhr ich wieder
nach Hause und spritze ihm jeden Abend die Antibi-
otika. Er nahm von Tag zu Tag zu und wurde immer
kräftiger, dank viel Ruhe und der Kittenmilch. Inzwischen wiegt er 700 Gramm und lebt im Außen–gehege. Erik ist einer dieser Fälle, bei denen wir den

Kampf gewonnen haben. Das liegt nicht nur an mir, sondern auch an der tollen Hilfe der Igelstelle und Eriks Kampfgeist, auf jeden Fall überleben zu wollen. Auch, wenn es etwas klischeehaft klingt, aber ich bin mir sicher, dass Erik auch überlebt hat, weil er leben wollte.

Es gibt zwei Seiten der Igelpflege: Einmal die schlaflosen Nächte und die Sorge um das Tier und andererseits die schönen Momente, wenn es den Tieren besser geht, sie wachsen und zunehmen und schließlich wieder hinaus können. Man sieht leider viele schlimme Dinge, schwer verletzte und kranke Tiere, denen man nicht mehr helfen kann.

Es hilft, sich klarzumachen, dass man selbst alles tut, was in der eigenen Macht steht und nach bestem Wissen und Gewissen handelt. Da man selbst nicht immer alles wissen und tun kann, kommt man nun einmal in die Situation, einem Tier nicht mehr helfen zu können. Das ist nicht unsere Schuld. Aber durch uns hat das Tier eine Chance und darum geht es.

Ich sage mir immer: Man kann nicht alle Tiere retten. Aber jedem Tier, das gerettet werden konnte, haben wir das Leben gerettet.

Herstellung und Verlag:

BoD – Books on Demand, Norderstedt

ISBN: 9783753426464